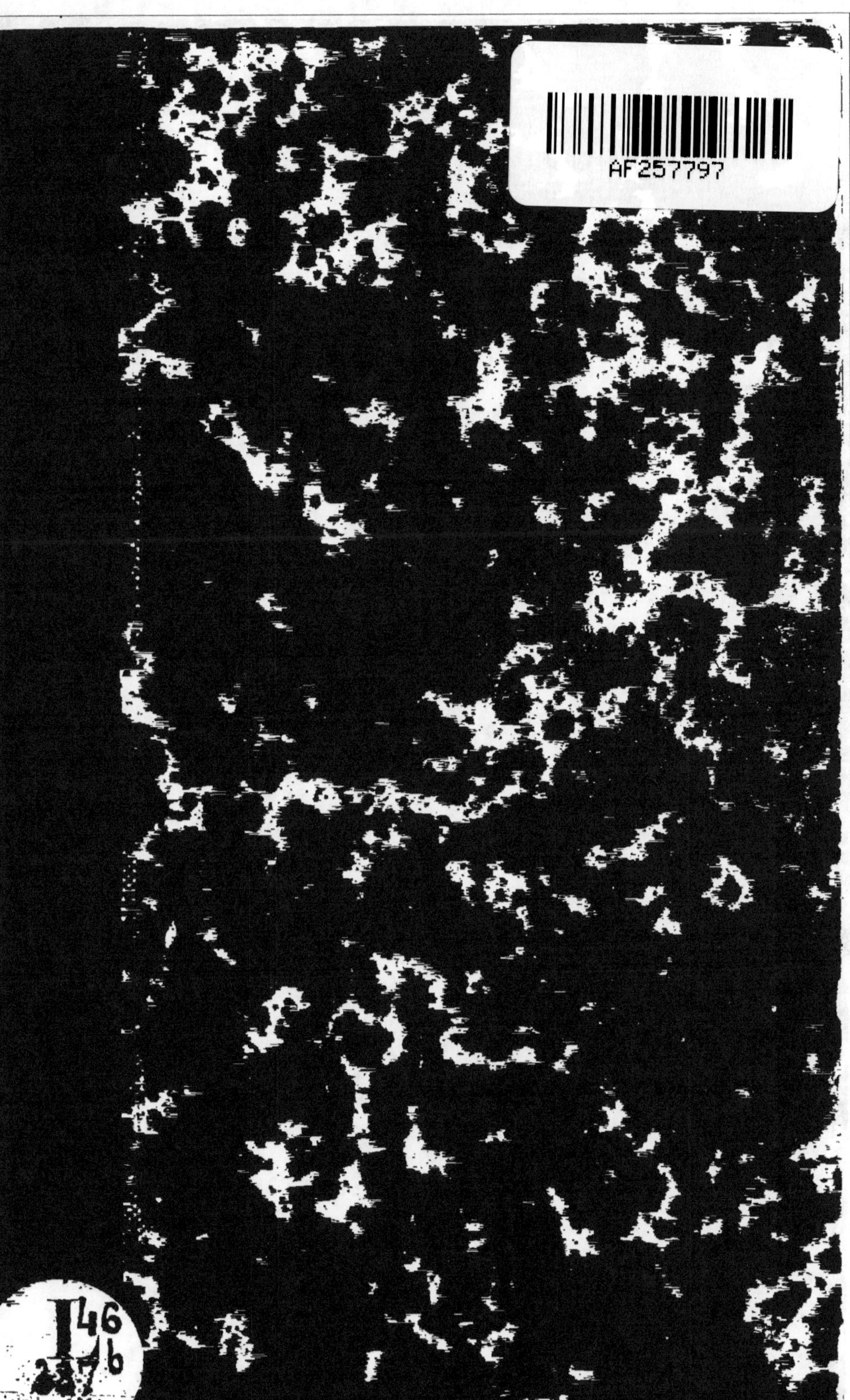

AF257797

PROJET

D'UN DÉMEMBREMENT TOTAL

DE LA FRANCE,

CONSTATÉ PAR LE TÉMOIGNAGE PUBLIC DES APÔTRES DU CABINET PRUSSIEN.

PAR PAUL WERNER.

A PARIS,

Chez Mme veuve AGASSE, RUE DES POITEVINS, N° 6;
Et chez les marchands de Nouveautés.

1815.

PROJET

D'UN DÉMEMBREMENT TOTAL

DE LA FRANCE,

CONSTATÉ PAR LE TÉMOIGNAGE PUBLIC DES APÔTRES DU
CABINET PRUSSIEN.

———

Le roi de Prusse, par sa proclamation du 7 avril, a donné, pour ainsi dire, le branle aux grands événemens qui se préparent dans le moment actuel sur les bords du Rhin, et paraît vouloir le premier entrer en lice contre la France. Ce n'est pas, à ce que S. M. Prussienne prétend, au peuple français qu'elle en veut, c'est contre Napoléon Bonaparte et ses adhérens qu'elle va faire marcher ses légions invincibles de landwehr et de landsturm. Le peuple français n'a jamais eu le malheur de déplaire à Frédéric-Guillaume ; au contraire, il lui inspire un si vif intérêt, que l'indépendance et la prospérité de ce peuple entrent pour beaucoup dans sa généreuse sollicitude qui ne lui rend aucun sacrifice trop cher pour embrâser la France d'une nouvelle guerre. Il en est peut-être de même avec d'autres puissances de l'Europe ; mais puisque la Prusse a pris le pas sur elles, en déclarant individuellement ses intentions, il ne sera question ici que de cette tendre amie seule, et nous démontrerons par les propres paroles de ses apôtres, jusqu'à quel point la France a été, de

A

tout tems, l'objet chéri de ses affections. Elles se trouvent incontestablement exprimées dans les journaux et autres feuilles périodiques publiées sous les auspices du cabinet prussien.

Ce ne sont point les journaux de Berlin dont il s'agit : la politique prussienne exige que ceux-ci observent une grande réserve ; qu'ils se bornent à raconter les nouvelles du jour, vraies ou fausses, pourvu qu'elles aient été puisées dans la source d'un frère journaliste. Fidèles à cette politique, les papiers publics réputés officiels, tels que le Journal de Voss, celui de Haude et Spener, etc., en général toutes les publications faites à Berlin, cachent soigneusement les véritables sentimens du gouvernement, afin qu'en cas d'accident (car on ne sait pas ce qui peut arriver) on ne puisse pas l'accuser d'avoir toujours manifesté un tendre attachement pour telle ou telle puissance, ou d'être sorti des bornes de la décence et des usages établis parmi les nations civilisées, en insultant tel ou tel peuple, et en faisant publiquement connaître sa haine pour ce peuple.

Il faut cependant qu'on décharge son cœur, qu'on communique sa façon de penser et de voir, qu'on divulgue ses sentimens secrets, qu'on influe sur les esprits, qu'on dirige l'opinion publique, qu'on inculque ses principes à autrui. Pour y parvenir, on emploie, entr'autres moyens plus ou moins recommandables, celui de mettre en activité quelques plumes vénales, de leur dicter les pensées qu'elles doivent exprimer, de leur faire dire des injures à ceux qu'on n'aime pas, de leur faire calomnier et décréditer une nation qu'on redoute , et de leur faire porter toutes ces gentillesses à la connaissance publique par un journal établi chez un voisin dépendant.

C'est-là l'expédient dont le cabinet prussien se sert depuis long-tems pour faire connaître , sans qu'on s'en doute, ses vrais sentimens, ses bonnes intentions , ses véritables *vues amicales* à l'égard du peuple français. Comme preuve de cette assertion, nous pourrions alléguer les tentatives infructueuses que ce cabinet a fait faire , dans un si noble dessein, près des éditeurs de la *Gazette Universelle* d'Augsbourg, du *Correspondant* de Nuremberg, et de celui de Hambourg. Nous pourrions constater la vérité de cette assertion par l'*Observateur alle-mand* et l'*Orient*, deux autres journaux publiés depuis quelque temps dans la dernière ville , sous les armes anséatiques, mais sous les couleurs prus-siennes. Nous pourrions citer bien des produc-tions périodiques, bien des pamphlets et des li-belles qui ont paru en Saxe , sous le gouvernement provisoire prussien ; mais tant de témoignages nous mèneraient trop loin. Nous nous bornerons donc à passer en revue une seule fabrication de cette espèce qui , trois fois par semaine , voit le jour à Coblentz, sous le titre de *Mercure du Rhin* , et dont toute l'Al-lemagne sait que le *ministre prussien, baron de* Stein, le protège, le dirige et le salarie. Cette cir-constance seule donne à ce journal quelque renom-mée, ou, pour mieux dire, un certain air officiel qui lui a mérité notre choix, quelque désagréable qu'il ait d'ailleurs été pour nous d'exploiter un champ pierreux, car cette feuille est écrite en termes si vulgaires, elle renferme tant de déraison et de contradictions, elle s'exprime avec si peu de modération et un si grand acharnement contre la France, qu'on aurait peine à croire qu'un diplomate, un homme qui occupe un rang distingué, et qui jouit de quelque réputation dans le monde littéraire, ait pu présider à sa fabrication , si la haine que le ministre Stein nourrit contre la France n'était pas généralement connue. On n'est pas moins étonné en apprenant qu'un comte du Saint-Empire romain, dont nous dirons un petit mot à la suite , brille parmi les collaborateurs de cette production , à qui l'on a donné en Allemagne les sobriquets de *Feuille du Père Duchesne allemand*, de *Messager boiteux du baron de Stein*, et d'*Actes des Apôtres du cabinet prussien*.

Les extraits que nous allons présenter ici dans un même cadre, feront voir que la Prusse n'a point été contente de la paix de Paris, et qu'elle avait des projets et des vues bien différentes à l'égard de la France, que de rétablir pour elle le *statu quo* avant la guerre. On verra que toutes ses déclamations actuelles n'aboutissent qu'à préparer les esprits à une nouvelle guerre , en la représentant comme indispensablement nécessaire, et comme provoquée par la France. On verra qu'il ne s'agit de rien moins que d'anéantir l'existence politique de la France , de la partager entre des princes faibles et peu redoutables, et d'en arracher quelques belles provinces pour les incorporer aux États prussiens ; on verra enfin que toutes les insultes, toutes les calomnies, toutes les injures, toutes les horreurs par lesquelles les apôtres du cabinet prussien attaquent l'honneur et la gloire du peuple français, ne tendent qu'à généraliser la haine qu'on veut inspirer contre ce peuple, qu'à l'avilir dans l'opinion publique, qu'à lui créer des ennemis, afin de rendre la guerre contre lui d'autant plus acharnée, et de donner en même tems un relief à la nation prussienne, qu'on voudrait élever au rang d'où l'on s'est proposé de faire descendre la nation française.

Cependant, notre intention n'est point de développer ici les desseins du cabinet de Berlin; nous nous sommes seulement proposé de mettre en évidence le manège des Stein et consorts, pour préparer le public aux grands projets qu'ils méditent, et sur-tout pour rendre abject le nom français, quoique dans le fait il ne perde rien de son éclat par les invectives de quelques énergumènes. Cependant on ne peut les voir avec indifférence, s'il est à présumer, comme nous le pensons, qu'elles sont le résultat d'instigations supérieures.

Entendons maintenant parler ces apôtres du cabinet prussien dans leur propre langage.

Nous tâcherons d'en rendre la traduction aussi textuelle que possible, en ajoutant à chaque article la date où il a vu le jour. Mais qu'on n'exige pas de nous de faire de trop longues recherches, et qu'il nous soit permis de ne remonter que jusqu'à l'époque de la convocation du congrès de Vienne.

« Il est vrai, disent-ils (N° 127, du 3 octobre), la
» paix nous a rendu, pour le moment, la tranquillité
» tant désirée, mais une espérance chérie n'a pas
» été accomplie : nos frontières sont encore ou-

» vertes, et la France nous menace. Nous venons
» de repousser dans la vie obscure une nation en-
» nemie qui s'était armée, non pas pour la sûreté
» de son pays, mais contre la liberté et la pros-
» périté de tous les autres peuples. Des humilia-
» tions aussi grandes irritent d'autant plus quand
» on les essuie de ceux sur lesquels on se croyait
» élevé. Depuis des siècles la France s'était con-
» sidérée comme la première, l'élite des nations,
» en jetant des regards dédaigneux particulière-
» ment sur nous qui lui avions disputé cette pré-
» rogative. Quelques victoires avaient chatouillé
» l'amour-propre et l'ambition des Français; elles
» leur avaient ouvert la perspective flatteuse de
» devenir les maîtres du Monde. Nous nous trou-
» vâmes dans la triste nécessité de joindre nos
» armes aux armes françaises pour faire réussir
» ce dessein funeste. Mais nous abandonnâmes les
» premiers ce peuple orgueilleux, nous contri-
» buâmes même à lui enlever son plus beau triom-
» phe, l'âme de sa vie, sa toute-puissance ima-
» ginaire. Cette défection devait paraître aux yeux
» de tous les Français comme un parjure insigne,
» comme une apostasie complète, et la liberté
» de notre pays, qui en fut la suite, comme une
» véritable révolte. Aussi les verra-t-on bientôt
» s'empresser de rassembler toutes leurs forces
» pour nous punir de cette témérité outrageante.
» La conviction de leur impuissance actuelle ne
» suffit pas pour éteindre en eux les desseins hos-
» tiles inspirés par le sentiment de vengeance dont

» le souvenir de ce qu'ils ont perdu nourrira éter-
» nellement les flammes.

» Ils reviendront donc pour nous prendre ce
» que nous possédons, aussitôt que notre situation
» sera changée et que nous aurons de quoi sa-
» tisfaire encore une fois leur cupidité insatiable ;
» ils reviendront, et nous succomberons pour peu
» que l'ancienne paresse et une indolence qui nous
» fut trop chère se soient de nouveau emparées
» de nous. » (N° 136, du 12 octobre.)

« Il est vrai, le principe du mal est banni dans
» une île ; mais les disciples de ce grand maître, ses
» admirateurs, ses partisans, en un mot, *tous les*
» *Français* ne seront pas encore hors d'état de
» nuire. Leur Empire est encore florissant, et leur
» conduite future ne sera apparemment en rien
» différente de leur conduite passée. Que les pro-
» testations des adhérens d'un ennemi banni n'in-
» duisent donc personne en erreur : ils n'ont point
» changé de principes ; ils n'ont fait que changer
» de couleurs. » (N° 96, du 2 août.)

« En effet, la France d'aujourd'hui ressemble
» assez aux passeports dont les voyageurs qui ar-
» rivent de Paris sont munis. On y voit plusieurs
» timbres avec les trois fleurs de lis, mais la subs-
» tance de ces passeports, c'est-à-dire le papier,
» est encore à l'effigie de l'Empereur et Roi Na-
» poléon. » (N° 138, du 25 octobre.)

« Non, la France n'a point changé sa nature,
» encore moins sa politique. Celle-ci, avec son
» manteau d'asbeste, a été seulement blanchie dans
» le feu du Montmartre, ses qualités ne sont en

» rien altérées, quoiqu'on veuille nous faire croire
» le contraire en nous montrant les fleurs de lis
» qui décorent aujourd'hui ce manteau. On pourrait
» appliquer ici, s'il était permis d'établir une com-
» paraison entre les choses sacrées et profanes,
» un exemple de l'histoire naturelle : quand le
» renard veut se débarrasser de ses puces, il cherche
» une poignée de foin qu'il prend dans sa gueule,
» puis il entre petit à petit, en reculant, dans
» l'eau. A mesure qu'il s'y enfonce, les insectes
» se retirent vers la tête, se sauvent, pour der-
» nier asyle, dans le foin, que le renard lâche
» aussitôt et sort des ondes complètement purifié.
» Cependant il a aussi peu cessé d'être renard
» que les Français ont changé de nature en peu-
» plant l'île d'Elbe. » (N° 149, du 16 novembre.)

« N'est-il pas permis à une nation morale de
» haïr une autre nation politiquement corrompue ?
» Sans doute, cette haine doit être soigneusement
» nourrie ; elle doit être portée au point que nous
» éloignons de nous tout ce qui laisse les moindres
» traces des Français, soit langue ou mœurs, vê-
» temens ou nourriture, modes, bagatelles ou fri-
» ponnerie. » (N° 95, du 3 juin.)

« N'est-ce pas une honte, par exemple, que
» les femmes allemandes, qui dans ces derniers
» tems se sont montrées si grandes, soient con-
» tinuellement attachées, par les liens les plus
» futiles, à des esclaves étrangers ? qu'elles exposent
» publiquement dans leur patrie, les inventions
» d'une nation qu'elles ont tant de raison de haïr et
» de mépriser ? Adoptez donc, mes aimables com-

» patriotes , une mode de notre propre inven-
» tion , ne portez que des robes tissues de vos
» propres mains , et rejettez la nudité des mœurs
» étrangères. » (N° 113 , du 5 septembre.)

Cette apostrophe fut adressée aux dames allemandes à l'époque ou la proposition avait été faite
d'introduire pour la fête anniversaire de la bataille
de Leipsick , un costume national. Cette proposition n'eut pas beaucoup de succès , et une dame
très-spirituelle eut bien raison de dire : que le
beau sexe en Allemagne n'adopterait jamais une
mise germanique , à moins que les femmes de Paris
ne consentissent à s'habiller à l'allemande.

Cependant la fête eut lieu le 18 octobre , particulièrement dans les pays qui étaient placés sous
le gouvernement provisoire de la Prusse. On y allu-
ma de grands feux sur les cimes des montagnes ;
on se rassembla autour de ces feux , et voilà tout.
Les gouvernemens de Bavière , de Wurtemberg et
de Bade avaient défendu une consommation de bois
si mal entendue, ce qui ne manqua pas d'exciter l'in-
dignation des apôtres du cabinet de Berlin , qui dé-
noncèrent ces trois pays au public comme cou-
pables du crime de lèse-patriotisme. (N°s 138 et
147, du 25 octobre et du 12 novembre.) Le journal
français de Francfort , qui avait eu le malheur de
parler de cette fête soi-disant nationale avec indifférence , en fut très-vivement gourmandé.

« Nous sommes révoltés et indignés d'apprendre ,
» s'écrièrent les apôtres, qu'il y ait des pays où
» l'on a mis obstacle à l'accomplissement de ce
» dessein. Le journaliste français de Francfort ose

» même représenter cette fête vraiment nationale,
» sous un faux point de vue, en disant que les
» feux allumés sur les cimes des montagnes qui
» forment un demi-cercle autour de Francfort, pour
» représenter le bivouac de l'armée alliée dans la
» nuit du 18 au 19 octobre, n'avaient pas pro-
» duit pour la ville l'effet qu'on en attendait. Quoi !
» cet étranger a la hardiesse de parler de la plus
» grande fête des Allemands comme si c'eût été
» une singerie française. Mais il n'est point
» étonnant que les Français aient été furieux
» en voyant les flammes de ces holocaustes, de
» ces signaux de joie et de victoire, de ces marques
» d'enthousiasme d'un peuple noble et pieux qui
» jure de faire périr par les flammes tout peuple
» qui dorénavant oserait franchir les limites sacrées
» de l'ancienne Germanie, où tout ce qui est
» d'origine française devra pour toujours dispa-
» raître, et où par conséquent un journal français,
» rédigé depuis vingt ans par un abbé émigré,
» ne devrait plus être toléré. » (N° 159, du 27
octobre.)

La rage de germaniser tout et d'abolir en Allemagne les usages français sans aucune exception, était,
à cette époque, à son comble. On voulait d'abord
purger la langue de tous les mots français et n'en
conserver que le seul mot *Mamsel* (mademoiselle),
en l'employant pour désigner une certaine classe de
femmes (N°. 154, du 26 novembre), peut-être par
représailles, la langue française ayant adopté le mot
allemand *Ross* (coursier), pour désigner un mauvais
cheval, une vieille rosse, et le mot *Herr* (seigneur)

(13)

pour désigner un homme sans considération , un
pauvre hère. On voulait défendre , à qui que ce fût,
de parler en société la langue française et même de
la faire apprendre aux enfans. On voulait empêcher
les journalistes allemands d'insérer dans leurs feuilles des articles tirés des journaux français. On voulait que les voitures publiques fussent remplacées
par les anciens fourgons de poste , et que les Allemands fussent plutôt roués, que de voyager commo-
dément , parce que c'est ainsi que l'on voyage en
France. On voulait abolir toute décoration person-
nelle, tous les rubans et ordres, « comme une in-
» vention des Français , de ce peuple vain qui ne
» peut pas vivre sans se faire admirer » (N° 106, du
22 août.) On ne voulait même pas que les braves
militaires allemands, décorés de l'ordre de la Légion
d'honneur , mais forcés par les circonstances d'ôter
cette distinction, la conservassent comme un gage
sacré de leur valeur en combattant dans les rangs
des vétérans français (N°. 118, 15 sept.) « de ces
» soldats furibonds élevés dans des guerres de meur-
» tre et de rapine , devenus sauvages à force de
» verser le sang humain , et dépourvus de tout sen-
» timent de paix. » (N°. 117, du 15 sept.) On voulait
enfin que les soldats français prisonniers de guerre,
en traversant l'Allemagne pour retourner de leur
captivité en Russie dans les foyers paternels, ne
trouvassent nul accueil , aucune humanité chez les
divers peuples allemands. Heureusement ces peuples sont et resteront probablement toujours bien
éloignés, même en Prusse, d'être infectés des prin-

cipes que les apôtres du cabinet prussien leur prêchent.

Il n'est guère possible de pousser l'acharnement plus loin. Cependant, au dire de ces apôtres, les Français se sont rendus dignes de cette haine, non pas, comme on serait tenté de le croire, depuis la guerre de 1806, ou depuis les premières guerres de la revolution ; ils ont mérité la réprobation universelle *depuis des siècles*. Pour le prouver, nos apôtres vont jusqu'à Rome, et appellent en témoignage le jugement que deux de leurs véridiques confrères, Pasquino et Marforio, prononcèrent contre la nation française dans les années 1542 et 1683. (N°s. 159 et 169, 6 et 27 décembre.) Ils remontent même jusqu'au quinzième siècle, et citent une lettre que le bourgmestre Waldmann, chargé d'une mission pour Paris, écrivit (1477) à ses commettans en ces termes : «Par » la vérité divine, il n'y a pas de peuple plus scélé- » rat, plus menteur, plus cruel que les Français. Ni » signatures, ni sceau ne peuvent les engager à tenir » leur promesse. Soyez donc sages et prudens, » Messieurs, réfléchissez bien sur ce que vous allez » faire ; surtout, ne vous laissez pas séduire par l'ar- » gent du Roi et les belles paroles de ses conseillers : » vous pourriez faire des choses dont vos descendans » porteraient les peines. Un grand nombre de peu- » ples ont déjà été trompés et ruinés par l'astuce » des Français. Je voudrais, pour notre bonheur, » que nous n'eussions rien à faire avec eux. Restons » Allemands, tous les Français sont perfides. » (N° 160, du 8 décembre.)

On voit, par les dates que nous avons scrupu-

leusement citées , que toutes ces louanges en honneur du nom français furent chantées par les
coryphées du cabinet prussien, pendant le court
règne des Bourbons , et lorsque les ministres des
puissances de l'Europe se trouvaient réunis à Vienne
pour consolider la paix du Monde. La France était
du nombre de ces puissances, et ce fut, il faut le
dire, un grand signe de contrariété pour M. de
Stein et ses consorts.

Pendant le congrès , une partie de l'armée alliée
devait rester armée dans les pays cédés par le
traité de Paris. La lanwehr même y devait garder
ses armes. Cette mesure valut aux Français l'apostrophe suivante : « Quoi ! dirent les habitans de la
» rive gauche du Rhin , faut-il que nous soyons
» constamment armés en masse contre ces Fran-
» çais fanfarons, qui jadis eurent quelques avan-
» tages sur nous , plutôt par leur politique rusée et
» par notre bonhomie, que par leur bravoure et leur
» valeur comme soldats ? Notre diplomatie n'aurait-
» elle pas d'autres moyens de nous mettre à l'abri
» de leurs tentations futures que de transformer
» tous les citoyens en soldats ? Il nous semble que
» l'influence de la France s'anéantirait facilement
» si l'on rompait tout commerce avec elle, si l'on
» voulait prendre toutes ses insinuations pour ce
» qu'elles ont été depuis tant d'années ; si l'on
» rejetait constamment ses dons et ses conseils
» comme de vrais présens de satan. Au moindre
» mouvement hostile de la France , il faudrait que
» toute communication avec ce pays cessât incon-
» tinent; il faudrait qu'un cordon fût tiré sur sa

» frontière comme on en tire contre la peste. On
» ne se débarrassera jamais des Français, si l'on
» ne veut pas les abandonner à leur sort, dussent-
» ils se manger entr'eux, si l'on ne veut pas les
» exclure à jamais de toutes les affaires qui nous
» concernent seuls, comme aussi du prochain con-
» grès. » (N° 110, du 30 août.)

Cependant, la France ne fut point exclue de ce
grand-conseil des puissances d'Europe, au grand
étonnement des écrivains du cabinet prussien, qui
s'écrièrent : « Quoi ! Rome consulta-t-elle jamais
» les Parthes, les Scythes, les Gaulois ? » (N° 179,
du 16 janvier).

« Mais il n'en est pas des trois fleurs de lis comme
» il en était de l'aigle, qui savait toujours s'assurer
» de sa proie ; celles-ci, on le sait, ne travaillent
» ni ne filent ; et pour que le père céleste les nour-
» risse, il faut bien que la politique vienne à leur
» secours. » (N° 114, du 7 septembre.)

« Les derniers siècles, continuent les apôtres,
» particulièrement depuis la paix de Westphalie,
» sont les plus malheureux de notre histoire ; c'est
» de-là que date l'habitude d'envoyer des ambassa-
» deurs à des cours étrangères. C'est depuis ce
» tems que les généreuses maximes politiques ont
» été remplacées par la politique des cabinets et
» par l'espionage des légations étrangères. De ce
» mal, comme de tant d'autres, nous sommes
» redevables à la France. La finesse et l'astuce des
» Français se sont glissées, avec leur langue, dans
» les affaires de tous les peuples, et le congrès
» actuel attestera que, de nos jours, les paroles

(17)

» solides et profondes de la probité perdent toute
» leur valeur devant les belles phrases et les grands
» mots d'un esprit superficiel. » (N° 116, du 11
septembre.)

« Le Monde étonné, s'écrient-ils quelque tems
» après, demande avec raison comment il a été
» possible que les Français aient trouvé au centre
» de l'Allemagne un champ libre pour y semer de
» nouveau leurs dents de serpent. Il demande
» quelle mauvaise étoile a ramené en Allemagne
» les Français au moment où on les croyait éloignés
» de nous, et pour long-tems. Cependant les voilà
» de retour aussi frais et dispos que jamais. Ils
» parlent et tranchent déjà comme si rien ne s'était
» passé. Ils se vantent même d'avoir quatre cent
» mille hommes à leur disposition. Sur quoi cette
» fanfaronade peut - elle être fondée ? La France
» aurait - elle quelque alliance en vue ? Mais on
» connaît ses chimères engendrées par la présomp-
» tion, et l'on sait très-bien qu'elle est pauvre,
» isolée et abandonnée au milieu des autres peu-
» ples qui la maudissent. » (N° 155, du 28 novembre.)

La protestation de la France contre le projet que
le congrès avait conçu en faveur des intérêts de la
Prusse et pour la perte de la Saxe, devait néces-
sairement échauffer la bile du ministre prussien.
A cette occasion, les apôtres se font ainsi enten-
dre : « Talleyrand s'oppose à tout agrandissement
» des autres puissances, et réclame le *statu quo ante*
» *bellum* pour toute l'Europe. Ce sont, heureuse-
» ment, des artifices usés, et il paraît que la célèbre
» habileté des diplomates français a été enterrée,

B

» avec le grand génie, à l'île d'Elbe. En général,
» l'influence de ces messieurs n'est pas bien grande
» au congrès. On les accueille, même dans les
» sociétés, avec froideur. Ils sont arrivés à Vienne
» en grand nombre pour guetter et épier ce qui se
» passe, et pour mener de front plus de mille in-
» trigues à-la-fois ; mais tout cela ne nous empê-
» chera pas de faire et d'agir selon notre bon plaisir.
(N° 13 , du 21 oct.)

« Depuis le manége de Talleyrand au congrès,
» continue-t-il, les journaux de Paris chantent vic-
» toire et se félicitent que l'ancienne politique
» française existe encore. Ils ont raison, et nous
» l'avons déjà dit, que la France n'a pas changé
» de politique. Seulement elle s'est affublée au-
» jourd'hui du manteau royal de Saint-Louis et
» s'est coiffée de la perruque à trois marteaux de
» Louis XIV; mais le bout d'oreille y passe, et la
» fourberie n'est pas entièrement cachée. » (N° 138,
du 4 déc.)

Comme les ambassadeurs français se trouvaient au
congrès de Vienne, en conformité du traité de Paris ,
ce traité ne pouvait pas manquer d'essuyer aussi la
censure des apôtres du cabinet prussien. « On est
» mécontent en Allemagne, disent-ils, que, malgré
» la prépondérance de l'Europe , les négociateurs
» français aient pu parvenir à faire une paix qui leur
» garantit la conservation de leur ancienne puis-
» sance et même une augmentation de territoire,
» et qui les met en état de faire jouer au congrès
» tous leurs artifices pour obtenir encore davantage.
» Voyez cette parcelle de frontière au-delà du
» *statu quo*, qu'on sut escroquer aux vainqueurs.

» Voyez l'adresse d'avoir laissé tomber à notre
» charge tous les frais de la guerre , sans la moindre
» compensation et sans la restitution de nos monu-
» mens (*à l'exception cependant du char triomphal*
» *de fer-blanc de la porte de Brandenbourg.*) Si les
» Français savaient si bien se tirer de cette crise ,
» personne ne devra s'étonner si nous sommes en-
» core une fois leurs dupes au congrès , et s'ils re-
» viennent tôt ou tard pour forger leurs armes sur
» nos dos. » (N° 107 , du 24 août.)

« En vérité , c'est une honte pour l'Allemagne
» qu'elle permette aux Français de s'immiscer dans
» des affaires qui la concernent exclusivement. Si, en
» leur rendant les Bourbons , on avait partagé le
» pays entre ces princes ; si , par exemple , on
» avait nommé Monsieur, souverain d'Artois et de
» Picardie ; un Orléans, roi d'Orléans et de Nor-
» mandie ; un Angoulême, duc de Poitou et de
» Bretagne ; si Bordeaux, Marseille et Lyon avaient
» été déclarées villes libres ; si l'on avait conféré
» à Louis XVIII la suzeraineté sur tous ces pays
» avec une constitution convenable , alors la tran-
» quillité d'Europe aurait été assurée pour long-
» tems. » (N° 178 , du 17 janvier 1815.)

Quelque ample que soit la matière que ces rapso-
dies fournissent à la réflexion , nous nous sommes
proposé de ne point usurper sur les droits du lecteur
en les commentant. Nous ne pouvons cependant
nous empêcher de remarquer ici combien les citoyens de Lyon ont raison, dans l'appel qu'ils viennent d'adresser aux habitans des départemens en-
vironnans , de dire au sujet des étrangers : « Ils
veulent comprimer pour toujours une nation belli-

queuse, et forte. Ils veulent étouffer à jamais ce génie
guerrier, ce caractère généreux qui font préférer à
cette nation l'honneur au repos; et pour obtenir ce
résultat funeste à tous les peuples, ils veulent la
dissoudre. »

Et ce projet ne date pas d'aujourd'hui, le Messager
du ministre Stein en parla déjà sans réserve, comme
on l'a vu, au mois de janvier de cette année. Qu'on
ne croie cependant pas que l'intention des étrangers
était de laisser toute la France à des princes français ; il fallait bien qu'ils en gardassent aussi quelques parties en retour du bienfait d'une organisation
si généreuse. Il n'est pas question, par exemple,
dans le projet allégué, de l'Alsace ni de la Lorraine,
et nous allons voir si nos apôtres nous donnent
quelqu'éclaircissement à cet égard.

« Il y a cent et quelques années, disent-ils,
» que l'Empire germanique abandonna aux loups
» affamés un de ses plus puissans et plus respecta-
» bles membres, la belle Alsace. Mais cette pro-
» vince, loin d'être francisée, n'a, moralement par-
» lant, jamais cessé d'être une province allemande.
» L'ancien sang maternel coule encore dans les
» veines des Alsaciens; aucun mélange avec les
» Français ne les a corrompus. Leur aversion contre
» les Français les a toujours empêchés d'adopter le
» langage et les mœurs de ce peuple. Si la chaîne
» qui les attache encore à la France est un jour
» rompue, on verra qu'ils n'ont rien perdu de
» leur origine germanique. » (N° 157, du 2 décembre.)

« Lors de l'invasion, on leur avait annoncé la
» liberté, on leur avait promis d'être réunis à

» l'Allemagne, et l'on doit avoir remarqué qu'au
» commencement, ils n'étaient nullement irrités
» contre nous. Ce ne fut que plus tard, lorsqu'ils
» s'aperçurent qu'ils étaient destinés à tomber en
» partage à de petits princes allemands (*et non pas*
» *à la grande et puissante Prusse*), qu'ils envoyèrent
» des députés à Paris pour prier les souverains de
» ne pas souffrir qu'ils fussent séparés de la France.
» Non, nous le répétons, le peuple de l'Alsace n'a
» pas cessé d'être un peuple allemand. Il a pris en
» horreur tout ce qui est Français, et la conduite
» indigne de Louvois, lors de sa première entrée
» dans Strasbourg, ne s'effacera jamais de la mé-
» moire des Alsaciens. Ils nous appartiennent de
» droit, et il faut attendre le moment favorable qui
» va les ramener dans le sein maternel. » (N° 180,
du 18 janvier 1815.)

» Par cette réunion, l'organisation définitive de
» l'Empire germanique ne tardera pas à faire naître
» aux Lorrains le désir irrésistible de revenir à leur
» première patrie, et la France sera enfin forcée à
» renoncer pour jamais à l'injuste possession de ces
» deux pays. Alors la Prusse pourra, pour le bien de
» l'Empire, rétablir cette ancienne et puissante
» Austrasie, et régner dans le cœur de l'ancien pays
» des Francs. »

On ne peut parler plus clairement. Mais ce projet
vient d'être tout-à-coup ébranlé jusque dans ses fon-
demens, par le retour inattendu en France, de
l'Empereur Napoléon. Cet événement, propice à la
France et alarmant pour ses ennemis, ne pouvait
manquer de produire l'effet d'un coup de foudre sur
les spéculateurs politiques de la guerre et de l'usur-

pation. Peu s'en fallut que les apôtres du cabinet prussien n'en aient perdu la tête, et nous allons voir comment ils évaporent leur bile sur cet important sujet.

(N°. 208 , *du 15 mars.*)

« Nous avons eu tort de ménager les Français ; il
» aurait fallu les exterminer tous lorsque nous nous
» trouvions dans leur pays. Mais reportons-y sans
» délai le théâtre de la guerre, et songeons que nous
» avons à faire à une nation qui n'a que trop
» souvent montré que l'ordre et la tranquillité ne
» sont pas compatibles avec son existence. Son-
» geons que nous avons à faire à une armée élevée
» dans la rapine, le pillage et dans une scélératesse
» insigne ; et puisqu'elle nous fait encore une fois
» prendre les armes, que sa dernière heure ait
» sonné. »

(*N°* 110 , *du 19 mars.*)

« Oui, il faut exterminer cette bande de cinq
» cent mille brigands ; il faut que toute l'Europe
» s'arme contre eux. Il faut faire plus, il faut
» déclarer la guerre à toute la nation, et mettre
» hors la loi tout ce peuple sans caractère, pour
» qui la guerre est un besoin, qui chérit le pé-
» ché comme sa maîtresse favorite, pour qui rien
» n'est sacré. »

(*N°* 114 , *du 28 mars.*)

« Si la France n'est pas vaincue et partagée cette
» fois-ci, les événemens de l'année dernière n'au-
» ront fait qu'une courte interruption de la *mo-*
» *narchie universelle.* La France partagée, ou les

(23)

» chaînes de la France , voilà notre alternative. »
   (*N*ᵒˢ 214 *et* 216, *des* 28 *mars et* 1ᵉʳ *avril.*)

   « Ce sont les Bourbons qui ont tout perdu. Leur
» gouvernement était sans énergie , et les minis-
» tres avaient individuellement trop de pouvoir :
» chacun était dans sa partie prince et roi. Aucun
» Bourbon ne savait se faire respecter. Ils formaient
» avec leurs adhérens, pour ainsi dire , une colo-
» nie isolée au milieu de la France. Personne ne
» fut admis dans leurs cercles que les émigrés et
» les Anglais. Qu'on ne s'étonne donc pas qu'au-
» jourd'hui, à l'approche de Napoléon , le peuple
» français se soit moqué des royalistes et les ait
» chassés par-tout où ils se sont fait voir. Le roi con-
» naissait mal ce peuple, comme en général les
» hommes : il ne connaissait que ses livres. La
» nation française lui était devenue étrangère, et
» il n'en était point aimé, quoi qu'en disent les
» journaux de Paris , qui, dans ces derniers tems ,
» mentaient avec plus d'impudence que dans le
» tems du grand Empire. »

   (*N*ᵒ 217, *du* 5 *avril.*)

   « Mais comment faire pour combattre les Fran-
» çais avec unité ? car il ne s'agit plus aujourd'hui
» de combattre Napoléon seul : chaque individu
» de la nation française est devenu un Napoléor,
» puisque toute la nation , en recevant l'homme
» de l'île d'Elbe à bras ouverts, a pris la résolu-
» tion unanime de l'avoir pour chef. Hélas ! ce
» peuple ne connaît plus le prix d'une vie paisi-
» ble , il ne connaît que l'ambition qui le porte
» à s'élever au-dessus des autres peuples pour

» être vu de tout le monde. La vanité est le ca-
» ractère prédominant de tous les Français ; pour
» satisfaire cette vanité, il leur faut des révoltes
» et des conquêtes.

» Si nous avons de justes motifs pour vouloir
» que Napoléon disparaisse de la scène politique
» comme prince, nous n'en avons pas de moins
» grandes pour anéantir les Français comme
» peuple. Il n'est pas nécessaire pour cela qu'on
» les égorge ; il suffira de leur donner beaucoup
» de princes et pas d'empereur, de les organi-
» ser à l'instar du peuple allemand. Le monde ne
» peut rester en paix tant qu'il existera un peuple
» français. Qu'on le change donc en peuple de
» Bourgogne, de Neustrie, d'Aquitaine, etc. ; ils
» se déchireront entr'eux, mais le monde sera tran-
» quille pour des siècles.

» Cependant, cette nouvelle organisation est
» beaucoup plus difficile aujourd'hui qu'elle ne
» l'eût été lorsque les Bourbons reçurent de nous
» en présent le trône, et le peuple français sa
» liberté. A cette époque Napoléon était épuisé,
» et aujourd'hui nous ne sommes pas d'accord. Ce
» n'est qu'en unissant nos efforts et en plaçant
» à la tête de nos intérêts communs un empereur,
» que nous parviendrons à combattre ces tigres
» affamés dont l'instinct est si puissant, et à par-
» tager la France ; c'est alors seulement que nous
» pourrons porter nos vues sur l'Alsace et sur la
» Lorraine, nos anciennes possessions. »

(*N° 218, du 5 avril.*)

« Que tous les Allemands en état de porter les

» armes se lèvent donc contre cette race infer-
» nale , qui ne se plaît que dans le sang , et qui ne
» connaît d'amusement que la rapine et le pillage.
» La proscription prononcée par le congrès contre
» son chef, devra s'étendre sur toute la nation,
» pour qui le droit de guerre n'existe plus. Les
» lois du duel ne permettent pas le combat sin-
» gulier avec un individu sans honneur, et les
» Français n'en ont plus. Point de traités avec eux ,
» point de confiance en leurs sermens ; il faut les
» exterminer, les tuer comme des chiens enragés. »

(*N°* 220, *du* 9 *avril.*)

« Alfieri, si connu par son inimitié implacable
» contre le peuple français , lui donne le nom de
» *singe-tigre.* **On** verra que sous peu ils justi-
» fieront de nouveau ce surnom, et qu'ils sorti-
» ront comme des bêtes féroces affamées de leur
» antre où ils ont dormi pendant un an. **Les**
» rugissemens de leur prince et roi les ont éveillés.
» Ils tressaillent , ils bondissent, ils trépignent ,
» et attendent avec impatience le signal de leur
» prince pour assouvir leur voracité, leur soif de
» sang. »

(*N°* 220, *du* 29 *avril.*)

« Saint Paul , dans sa lettre aux Romains
» (chap. 3), peint le peuple français trait pour trait,
» quand il dit : Ils sont tous corrompus; il n'y en
» a aucun qui fasse du bien , pas même un seul;
» leur gosier est un sépulcre ouvert ; ils se servent
» de leur langue pour tromper; ils ont sous leurs
» lèvres un venin d'aspic ; leur bouche est remplie

» de malédiction et d'amertume ; ils ont les pieds
» légers quand il s'agit de répandre le sang ; ils
» portent la désolation et la misère partout où
» ils passent ; ils n'ont point connu le chemin de
» la paix ; ils n'ont point la crainte de Dieu de-
» vant les yeux. »

(*N° 222, du 13 avril.*)

« Et vous, peuples de l'Allemagne, soyez sur
» vos gardes ; ne fléchissez pas, restez fermes et
» inébranlables dans votre haine contre ce peu-
» ple. Soyez pénétrés de la conviction qu'aucun
» bien ne pourra jamais revenir à l'espèce hu-
» maine de cette race abominable, de cette en-
» geance de vipères que vingt-cinq ans de révo-
» lution ont fait éclore, et de leur capitale scé-
» lérate, car toutes les paroles qui sortent de leur
» bouche leur sont inspirées par le père du men-
» songe et n'aboutissent qu'à vous tromper. »

Mais c'en est assez. Ce que nous venons d'en
porter à la connaissance de nos lecteurs suffira
pour démontrer jusqu'à quel point on peut se fier
aux VUES AMICALES de *toutes* les puissances coali-
sées, et quelle foi peut être donnée à cette dé-
claration du 2 mai, qui promet *de respecter l'in-*
dépendance de la France, de ne porter aucune
atteinte à l'intégrité de son territoire ;

Heureusement, l'esprit que respire le journal
que nous venons d'analyser n'est point général en
Europe : à en juger d'après l'ensemble des papiers
étrangers qui passent journellement sous nos yeux :
le plus grand nombre observent envers nous
cette politesse, cette décence et les égards qu'une

nation a le droit d'attendre de toutes les autres.
Dans aucun d'eux on ne trouve des menaces et
des invectives telles que celles que nous avons
dénoncées au public, excepté peut-être dans une
feuille de la même catégorie, le *Moniteur anti-
gallicain*, publié à Londres par un certain Gold-
smith, et reprouvé par toute la nation anglaise.

Il nous reste à faire connaître à nos lecteurs un
des principaux collaborateurs de ce journal furi-
bond, le comte de Reisach. Nous nous adresse-
rons pour cela à un autre journal allemand, mais
d'une espèce bien différente, la *Gazette Universelle* d'Augsbourg. Elle dit, dans la feuille du 28 fé-
vrier de la présente année, ce qui suit :

« Le comte de Reisach, connu par la haine impla-
» cable qu'il porte aux Français, mais plus encore
» par sa conduite infâme lorsqu'il occupa une place
» honorable dans le royaume de Bavière, fut chassé
» du service à cause de cette même conduite, et
» échappa à la poursuite des tribunaux en délo-
» geant sans trompette. Ce transfuge reparut bientôt
» après en Lusace sous le nom d'un comte de Stein-
» berg, et dans la qualité de commissaire-général
» de province. Mais lorsque, plus tard, le tribunal
» criminel de Bavière le fit signaler dans les jour-
» naux comme un vil escroc, un misérable vo-
» leur, le baron Stein, qui se piquait de n'em-
» ployer que des hommes *probes et intègres*, ne
» put laisser plus long-tems dans l'administration
» cet homme dont la réputation venait d'être si pu-
» bliquement flétrie. Cependant le ministre lui con-
» serva sa puissante protection, et consentit à ce
» que les veuves et les orphelins que ce Reisach

» avait trompés, les établissemens de bienfaisance
» qu'il avait volés, le grand nombre d'individus qu'il
» avait escroqués, fussent publiquement invités à
» porter leurs griefs devant un tribunal prussien.
» Cette protection accordée à un vil criminel contre
» tous les principes du droit des gens, contre tous
» les usages des Etats civilisés, ne s'explique que
» par la circonstance que la vénalité et la bassesse
» de cet homme avaient été mises à profit par un
» certain parti dans ses menées sourdes, qui, à
» la connaissance de toute l'Allemagne, ne tendent
» qu'à influer sur l'esprit public par des écrits bien
» dignes de sortir de la plume d'un ancien ministre
» prussien, et de donner à la Prusse une grande pré-
» pondérance, non-seulement sur l'Allemagne,
» mais sur tous les Etats d'Europe. »

Nous sommes cependant bien éloignés d'attri-
buer à M. le comte de Reisach tous les morceaux
d'éloquence que nous portons à la connaissance
du public : ce serait être injuste envers le rédac-
teur du *Mercure du Rhin*, M. Goerres, qui aurait
toute raison de se fâcher si nous voulions lui
ravir la part qu'il a dans la suite des discussions
lumineuses et des déclamations véridiques qui
enrichissent périodiquement cette feuille. Ce col-
lègue n'est point d'une race aussi illustre que le
comte de Reisach ; mais il est certainement aussi
probe et intègre que lui, puisque M. le baron
de Stein l'emploie dans ses grandes opérations,
et même dans le poste important de son premier
trompette. Il est vrai que M. Goerres n'a pas toujours porté les mêmes couleurs ; qu'il n'a pas toujours professé les mêmes principes ; mais peut-on

imputer à blâme tout changement d'avis ou de
condition ? n'aurait-on pas tort, par exemple, si
l'on voulait exiger d'un valet de ne changer jamais de livrée ? Qu'on ne s'étonne donc pas quand
un journal allemand, l'*Allemannia*, fait connaître
le même individu qui se range aujourd'hui sous
les étendarts prussiens, comme ayant autrefois porté
le bonnet rouge, et comme l'auteur du *Rubezal*
et de la *Feuille-Rouge*, deux écrits dignes de sortir
de la plume d'un Anacharsis Clootz, qui parurent
au commencement de la révolution française.

Pour la rareté du fait, et comme échantillon
de l'éloquence républicaine du citoyen Goerres,
nous allons répéter ici, d'après le même journal
(*Allemannia*, n° 7, mois de mars 1815), le frag-
ment d'un discours qu'il prononça, le 12 nivose
de l'an 6, dans la Société patriotique de Coblentz.

« Citoyens ! Mayence est à nous. Sur ses rem-
» parts flotte le pavillon tricolore, et ses terribles
» bouches à feu, qui répandaient la mort dans les
» rangs des défenseurs de la liberté, sont actuel-
» ment tournées contre les rois et leurs perfides
» partisans. Il est pris ce fort redoutable du des-
» potisme ; il est abattu ce boulevard de la fameuse
» intégrité de l'Empire germanique. La liberté a
» repris possession de son domaine, qui naguère
» lui fut ravie par une trahison insigne. Cette
» trahison est retombée sur la tête de ses auteurs.
» Maintenant le pont de communication est rompu
» entre nos despotes et la rive gauche du Rhin,
» et leur espoir est entièrement détruit. Les voilà
» sur les montagnes de l'autre rive ; voyez comme
» ils grincent les dents, comme leurs regards fu-

(5o)

» rieux sont fixés sur la Terre-Promise de la
» liberté , dont l'entrée leur est défendue pour
» jamais, etc. »

L'*Allemannia* cite ensuite comme une autre preuve
de l'ancien civisme de notre protée, la pièce suivante :

Egalité.   *Liberté.*

Plein-pouvoir.

« Les soussignés républicains du département de
» Rhin-et-Moselle autorisent par la présente le ci-
» toyen Goerres , professeur à l'école secondaire
» établie à Coblentz , de se rendre à Paris pour
» y solliciter de concert avec les députés des autres
» départemens de la rive gauche du Rhin :

1° » La réunion définitive des quatre nouveaux
» départemens avec la république française.

2° » Pour présenter au gouvernement que le ci-
» toyen Lakanal » (le même que le *Mercure du
Rhin* représente aujourd'hui comme l'homme le
plus abominable) « commissaire-général de la ré-
» publique, tant par sa justice que par son pa-
» triotisme, justifie pleinement la confiance que
» le gouvernement a placée en lui, et lui a mérité
» ainsi celle de tout ce qu'il y a de républicains
» dans ces contrées.

3° » Pour dévoiler les intrigues tramées par les
» ennemis de la république contre la liberté et
» les républicains de ces contrées.

» A l'effet de tout quoi ils autorisent le citoyen
» susdit à signer pour eux et en leur nom, et à
» faire toutes les démarches à ce requises et qui

» seront nécessitées ou indiquées par la situation
» des affaires.

» Fait à Coblentz, le 10 brumaire an 8 de la
» république française, une et indivisible. »

(Suivent les signatures.)

L'*Allemannia* ajoute ce qui suit :

« Un caméleon de cette espèce n'induira per-
» sonne en erreur par ses discours d'aujourd'hui.
» Le public lui tourne le dos aussitôt qu'il ap-
» prend que l'orateur est un vil mercenaire qui
» vend sa plume au parti qui le paie le mieux.
» Il ne pourra inspirer aucune confiance, et per-
» sonne ne voudra ajouter foi à ses déclamatious.
» Dans sa bouche la vérité même devient un men-
» songe ; ses louanges se changent en insultes, et
» ses invectives en éloges. Un tel homme mérite
» le mépris de tous les honnêtes gens ; il ne pourra
» trouver accueil et protection que chez *ses pa-*
» *reils.* »

Quant au ministre Stein lui-même, on s'imagine
aisément qu'il ne joue pas un petit rôle dans les
actes de ses apôtres, et que ses louanges y reten-
tissent souvent. On y fait entr'autres les plus grands
éloges de la pureté de ses sentimens envers l'Allemagne (c'est-à-dire la Prusse), et de la haine invé-
térée qu'il porte dans son sein contre les Français.
Personne n'est plus capable que lui de contre-miner
les chemins dérobés sur lesquels cette nation mar-
che. (N° 177, du 12 janvier.) Le journaliste, en
faisant allusion au nom de son mécène, dit de lui
qu'il est la *pierre* (*Stein*, en allemand) sur laquelle
la puissance de la Prusse sera dorénavant posée,

(32)

en étendant son sceptre depuis l'embouchure du
Niemen jusqu'aux sources de la Meuse ; qu'il est
la véritable *pierre philosophale (stein der weisen)*
que la dernière guerre a fait découvrir; la plus
précieuse pierre (edel-stein) dans la couronne de
la maison de Habsbourg ; la *clef de voûte (schluss-
stein)* de l'édifice qui est en construction au congrès
de Vienne ; la *pierre angulaire (eck-stein)* du boulevard qui va être élevé contre l'ambition de la
France ; la *chaussée pavée (stein-damm)* qui con-
duira jusque dans le cœur de ce pays. Il y a peu
d'acceptions du mot *stein* dont les apôtres ne fas-
sent l'application à leur seigneur et maître. Ils
paraissent cependant avoir oublié qu'il y a aussi
des pierres très-poreuses et peu solides, comme la
pierre-ponce (bim-stein) et la *pierre à chaux (kalk-
stein)*; que le mot allemand *stein* a aussi la signi-
fication d'une pièce dans le jeu de dames ; que ce
même mot a les composés de *stein-eule*, oiseau de
nuit ; *stein-marder*, animal malfaisant , et *goss-
stein*, pierre pour faire écouler les immondices.
Ils n'ont pas moins oublié qu'un célèbre auteur de
leurs compatriotes appelle très-ingénument un
ministre la pierre de touche (*probier-stein*) des
sentimens de son prince ; qu'il y a , en politique
comme dans la vie sociale, des pierres d'achope-
ment ou de scandale (*anstoss-stein*); et qu'enfin
la pierre infernale (*hœllen-stein*) est un venin
mordant qui , appliqué à une plaie saine et fraîche
par la main mal-adroite d'un charlatan, pourrait
exposer ses oreilles ou son cou au vigoureux res-
sentiment du blessé.

De l'imprimerie de Mme veuve AGASSE, rue des Poitevins, n° 6.

BIBLIOTHEQUE NATIONALE DE FRANCE
3 7531 00091624 8